AF602741

25 MARS 1887 PN

Mr Beurdeley

6

OBJETS D'ART

ET DE

CURIOSITÉ

DES XVIe & XVIIe SIÈCLES

2e vente Beurdeley

Exemplaire d'A. Beurdeley

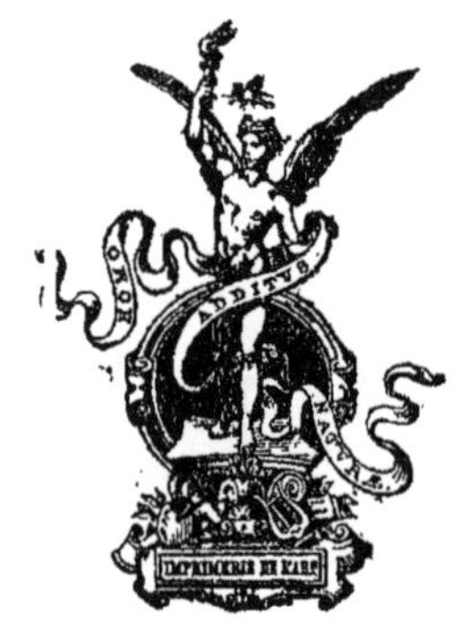
HOMO
ADDITUS

CATALOGUE

DES

OBJETS D'ART

ET DE CURIOSITÉ

DES XVIe ET XVIIe SIÈCLES

Sculptures en bois et en ivoire

BRONZES D'ART — PLAQUETTES

Armes — Fers

BELLE ARQUEBUSE DU XVIIe SIÈCLE

Orfèvrerie

Faïences — Grès — Objets variés

Archiluth du temps de Louis XIII

DONT LA VENTE AURA LIEU

HOTEL DROUOT, SALLE N° 3

Le Vendredi 25 Mars 1887

A DEUX HEURES

Me PAUL CHEVALLIER
COMMISSAIRE-PRISEUR
10, rue de la Grange-Batelière, 10

M. CHARLES MANNHEIM
EXPERT
7, rue Saint-Georges, 7

EXPOSITION PUBLIQUE

Le Jeudi 24 Mars 1887, de 1 heure à 5 heures

CONDITIONS DE LA VENTE

Elle sera faite au comptant.

Les acquéreurs payeront en sus des enchères *cinq pour cent*, applicables aux frais.

L'exposition mettant le public à même de se rendre compte de l'état des objets, il ne sera admis aucune réclamation une fois l'adjudication prononcée.

Paris, Imp. de l'Art. E. Ménard et J. Augry, 41, rue de la Victoire.

DÉSIGNATION DES OBJETS

BOIS SCULPTÉS

1 — Groupe en bois sculpté, composé de deux figurines d'enfants nus, jouant avec un agneau. Jolie sculpture du XVIIe siècle.

Haut., 11 cent.

2 — Bois. Haut-relief représentant le sujet du sacrifice d'Abraham. XVIe siècle.

Hauteur, sans cadre, 45 millim.; larg., 35 millim.

3 — Bois. Triptyque cintré à sa partie supérieure. Le volet central représente saint Jérôme en prière. Les volets offrent les figures des évangélistes et de saints personnages. XVIe siècle.

Haut., 135 millim.: largeur, ouvert, 140 millim.

4 — Chêne sculpté. Haut-relief sans fond ; groupe composé de la Vierge évanouie, de saint Jean et de Marie Salomé. XVIe siècle.

Haut., 29 cent.

5 — Statuette-applique en chêne : l'archange Michel terrassant le démon ; il est armé d'une lance et s'appuie sur un écu crucifère. XVIe siècle.

Haut., 56 cent.

6 — Haut-relief sans fond, en bois de chêne sculpté, peint et doré : personnage agenouillé auprès d'un cavalier. XVIe siècle.

Haut., 39 cent.

7 — Statuette-applique de la Vierge, assise et tenant sur ses genoux l'Enfant Jésus, à qui elle présente une fleur. Bois sculpté, peint et doré. Travail français du XVe siècle.

Haut., 78 cent.

8 — Retable du XVe siècle en forme de triptyque. La partie centrale est composée d'un groupe de Saintes Femmes, sculpté en haut-relief, bois peint et doré ; les volets sont peints intérieure-

ment et représentent deux Saintes Femmes se détachant sur fond gaufré et doré.

Haut., 72 cent.; larg., 52 cent.

IVOIRES

9 — Ivoire. Groupe : la Vierge assise et tenant sur ses genoux l'Enfant Jésus endormi. Socle à pourtour concave en ivoire, avec tablette et base en bois noir. XVIIe siècle.

Hauteur, socle compris, 14 cent.

10 — Ivoire. Cippe à pourtour sculpté en bas-relief et représentant des jeux d'enfants. XVIIe siècle.

Haut., 8 cent.

11 — Ivoire. Petit triptyque sculpté en bas-relief. Le tableau central représente saint Jérôme en prière, et les volets, les quatre évangélistes, accompagnés chacun de l'emblème qui lui appartient. XVIe siècle.

Haut., 10 cent.; largeur, ouvert, 14 cent.

12 — Ivoire. Bas-relief rectangulaire en hauteur.

Il représente la Vierge entourée d'anges, nourrissant l'Enfant Jésus à l'aide d'une cuiller. XVIe siècle.

Haut., 155 millim.; larg., 106 millim.

13 — Ivoire. Support circulaire reposant sur le dos de quatre animaux à corps de lion et à tête de femme couronnée, assis sur un socle à quatre ressauts. Les animaux datent du XVIe siècle.

Haut., 45 millim.; diam., 115 millim.

14 — Ivoire. Grain de chapelet composé d'une tête de Christ couronnée d'épines et d'une tête de mort couronnée de laurier, accolées. XVIe siècle.

Haut., 44 millim.

15 — Ivoire. Bas-relief rectangulaire en hauteur : la Vierge debout, vêtue de long et la tête couverte d'un voile, tient de ses deux bras l'Enfant Jésus nu, ainsi qu'une gerbe de fleurs ; des têtes de chérubins décorent la partie supérieure de la plaque. XVIIe siècle.

Haut., 150 millim.; larg., 95 millim.

16 — Ivoire. Mascaron fantastique formant applique, avec yeux noirs rapportés. XVIe siècle.

Haut., 50 millim.

17 — Ivoire. Pomme de canne formée d'une cariatide d'homme portant un costume oriental, vu à mi-jambes. xviie siècle.

Haut., 110 millim.

PLAQUETTES ET BRONZES

18 — Plaquette en bronze. Le Christ sortant du sépulcre, vu à mi-corps, entre saint Jean et Madeleine. Dans le haut, un groupe d'anges. En bas, l'inscription : ECCE . ANGNUS . DEI . xvie siècle.

Haut., 10 cent.; larg., 8 cent.

19 — Plaquette en bronze. Deux anges supportant une église, au-dessus de laquelle se voient la Vierge, vue à mi-corps, et l'Enfant Jésus. xvie siècle.

Haut., 12 cent.; larg., 85 millim.

20 — Plaquette en bronze doré. Saint Jérôme en prière. xvie siècle.

Haut., 9 cent.; larg., 7 cent.

21 — Plaquette ronde en bronze doré. Vénus et l'Amour dans un paysage. xvie siècle.

Diam., 88 millim.

22 — Plaquette en bronze. David vainqueur de Goliath. XVIe siècle.

Haut., 70 millim.; larg., 55 millim.

23 — Plaquette en bronze. L'Adoration des Mages. XVIe siècle.

Haut., 103 millim.; larg., 69 millim.

24 — Plaquette en bronze. Hercule étouffant Antée. XVIe siècle.

Haut., 10 cent.; larg., 78 millim.

25 — Plaquette en bronze. Même sujet que la précédente; à droite et à gauche du sujet, fragments de colonnes carrées. XVIe siècle.

Haut., 75 millim.; larg., 60 millim.

26 — Médaillon ovale en bronze. Buste de femme de profil à droite. MEDEA. XVIe siècle.

Haut., 65 millim.; larg., 55 millim.

27 — Revers de médaille en bronze. Cavaliers au galop et autres renversés. DVBIA.FORTVM. XVIe siècle.

Diam., 53 millim.

28 — Médaillon rond en bronze doré. Le Jugement de Pâris. xvie siècle.

Diam., 55 millim.

29 — Plaquette ronde en bronze doré. La Vierge vêtue de long et assise, un ange est debout devant elle. xvie siècle.

Diam., 75 millim.

30 — Médaillon rond en bronze doré. Scène de bacchanale. Signé IO.F.F.

Diam., 55 millim.

31 — Plaquette contournée en bronze. Le Jugement de Pâris et trophée d'armes. xvie siècle.

Long., 65 millim.; larg., 38 cent.

32 — Médaillon rond. Groupe de cinq figures. xvie siècle.

Diam., 38 millim.

33 — Plaquette rectangulaire en bronze. Vénus et l'Amour dans un paysage. xvie siècle.

Haut., 61 millim.; larg., 90 millim.

34 — MÉDAILLON OVALE EN BRONZE. Buste de femme de profil à droite. Ses cheveux sont retenus par divers rangs de perles. XVIe siècle.

Haut., 62 millim.; larg., 49 millim.

35 — BAS-RELIEF SANS FOND. La Vierge, l'Enfant Jésus et saint Joseph. XVIe siècle.

Haut., 90 millim.; larg., 88 millim.

36 — Aquamanile formé d'un lion, avec poignée fixée à la nuque et à la croupe. XIIIe siècle.

Haut., 20 cent.; long., 22 cent.

37 — Buste de faune, monté sur piédouche. Bronze italien du XVIe siècle.

Haut., 17 cent.

38 — Petit buste d'Alexandre casqué. Bronze italien de la Renaissance et de style antique.

Haut., 10 cent.

39 — Trois figures d'enfants en bronze du XVIIe siècle, provenant d'un fronton de cabinet.

Long., 9 et 11 cent.

40 — Statuette de Cupidon assis, le carquois suspendu au côté, un doigt sur la bouche, et tenant sur les genoux une coquille. Bronze italien du XVIe siècle.

Haut., 16 cent.

41 — Statuette d'enfant nu, assis et tenant une coquille sur sa tête. XVIe siècle.

Haut., 13 cent.

42 — Petit groupe en bronze, fondu à cire perdue et représentant Actéon assailli par ses chiens.

Haut., 8 cent.

43 — Lampe de style antique, formée d'un pied humain, avec poignée figurée par un dragon ailé.

Long., 18 cent.

44 — Petit flambeau formé d'un ours debout portant un vase orné et surmonté de trois têtes d'aigles; pied ajouré. XVIIe siècle.

Haut., 14 cent.

45 — Plaque rectangulaire en bronze doré et argenté et offrant en bas-relief le sujet de l'Adoration des Mages.

Haut., 16 cent.; larg., 13 cent.

46 — Plaque circulaire en cuivre repoussé, offrant, au milieu d'un filet lobé, un écu fleurdelisé, cantonné de glands, placé entre deux lions et timbré d'une couronne royale.

Diam., 17 cent.

47 — Croix en bronze du XVIIe siècle, à décor d'entrelacs et offrant aux extrémités des branches des médaillons quadrilobés à figures religieuses.

Haut., 35 cent.

ARMES

48 — Charmante petite arquebuse de chasse, à rouet, du XVIIe siècle, d'une jolie forme et à crosse en pied de biche; la monture est complètement recouverte de délicates incrustations d'ivoire représentant des animaux, des oiseaux, des têtes chimériques, des blasons accolés, le tout encadré de menus rinceaux entremêlés de perlés. Le canon à pans et la sous-garde chantournée sont très richement ornés, partie en damasquine d'or d'une extrême profusion de détails, partie en ciselure très soignée et d'un décor très compliqué à figures, vases et ara-

besques. La batterie est également ciselée et repercée à jour.

Long., 98 cent.

49 — Paire de beaux pistolets à pierre, du XVIIe siècle, à riche garniture et incrustations en argent ciselé et gravé, décor à figures allégoriques, cariatides et arabesques; platine, batterie et canon, ciselés à figures mythologiques et ornements en relief sur fond doré.

Long., 55 cent.

50 — Mousquet à rouet à crosse courbée; monture en bois décorée d'incrustations d'ivoire, animaux chimériques et arabesques. Canon à pans unis.

Long., 1 m. 20 cent.

51 — Mousquet à rouet, à crosse droite à pans; monture en bois décorée d'incrustations d'ivoire, sujets de chasse et enroulements. Platine et batterie gravées.

Long., 1 m. 33 cent.

52 — Mousquet à rouet; monture incrustée d'ivoire, sujets de chasse, groupe de fruits et arabesques.

Long., 1 m. 15 cent.

53 — Petit mousquet à rouet ; monture décorée d'incrustations d'ivoire à sujets de chasse, à rinceaux et enroulements.

Long., 95 cent.

54 — Poignard oriental, à lame courbe repercée à jour et damasquinée d'or ; poignée à pans en agate blonde mamelonnée ; fourreau d'argent à ornements en relief.

Long., 35 cent.

55 — Poignard indien, à poignée de jade vert, sculptée, à décor de feuilles et de côtes en spirale ; lame légèrement courbe, ajourée au talon et sur les bords. Fourreau en argent gravé à décor d'armes, de fleurs et d'entrelacs.

Long., 47 cent.

56 — Yatagan à poignée en morse, garnie d'ornements en argent, cabochons, granules, filets filigranés, et enrichie de coraux. Lame damasquinée d'or ; fourreau velours avec revêtement d'argent, à trophées d'armes et ornements variés.

Long., 85 cent.

57 — Poignard à lame gravée et poignée d'acier, formée de boules ciselées en manière de vannerie, alternant avec des olives et arabesques d'or sur fond bleui.

Long., 29 cent.

58 — Grand sabre japonais à fusée revêtue de peau de serpent et entourée de passementerie noire, garde ajourée et ornée de filets d'argent en relief, fourreau de laque, fond noir galonné de métal argenté et garni de frettes et d'une bouterolle à branches, en métal gravé.

Long., 1 m. 5 cent.

59 — Sabre japonais, plus petit que le précédent et de même ornementation.

Long., 70 cent.

60 — Petit fer d'esponton gravé à douille, surmontée de cinq petits ornements ajourés à têtes d'anges.

Long., 12 cent.

61 — Dague à lame triangulaire et fusée revêtue d'une feuille d'argent.

Long., 32 cent.

62 — Dague à poignée de jaspe et quillons formés d'un serpent enroulé, en fer ciselé, lame en forme de dard.

Long., 33 cent.

63 — Dague à lame quadrangulaire, pommeau ciselé à figures de cavaliers, quillons formés de deux figures d'esclaves en ronde bosse, écusson à figures de cavaliers.

Long., 44 cent.

FERS

64 — Heurtoir du xve siècle, en fer ciselé et repercé à jour; le marteau est formé d'un dragon, surmonté d'un écu armorié; la plaque de fond, rectangulaire, se compose de meneaux ajourés encadrant deux contreforts.

Haut., 25 cent.; larg., 15 cent.

65 — Heurtoir gothique, en fer ouvragé, formé d'un cercle, à décor de lobes et de rosaces, engagé dans une tête chimérique formant l'extrémité du boulon.

Diam., 20 cent.

66 — Verrou en fer repoussé, à décor de cariatides, de mascarons et de rinceaux ; le bouton de la targette est formé d'une tête de lion.

Haut., 15 cent.

67 — Autre verrou à chimères et arabesques, bouton à godrons.

Haut., 15 cent.

68 — Ciseaux à ressorts, rehaussés de dorure et portant l'inscription : IE . LE . VOVS . DONNE . DE . ♡ . IEHAN . DE . LENGRES. XVIe siècle.

Long., 10 cent.

69 — Porte-clefs composé de trois crochets reliés à une traverse en fer gravé, à sujets de chasse et portant des traces de dorure. XVIIe siècle.

Larg., 16 cent.

70 — Clef à tête, formée de deux cariatides d'animaux fantastiques, surmontées d'une couronne.

Long., 103 millim.

ORFÈVRERIE

71 — Coupe en argent repoussé, offrant extérieurement et intérieurement des oiseaux et des animaux entremêlés d'arabesques et des feuillages. L'extérieur présente en outre les emblèmes des évangélistes et des inscriptions.

Diam., 12 cent.

72 — Grand gobelet en argent gravé, décoré de trois cartouches à sujets bibliques et de petits médaillons à personnages. Au bas est une inscription et la date *1652*. Orfèvrerie allemande.

Haut., 19 cent.

73 — Verre à pied et à couvercle, en argent repoussé et doré, à bossages décorés d'arabesques; la tige est formée d'une figurine d'amour. Travail allemand.

Haut., 31 cent.

74 — Verre à pied et à couvercle de forme sphérique et à bossages, surmonté d'une figurine de guerrier. La tige est accotée de trois rinceaux à têtes de dragons. Orfèvrerie allemande du XVIIe siècle.

Haut., 23 cent.

75 — Argent. Figurine en argent fondu et ciselé : Hercule bibace, armé de la massue, la tête ceinte d'une couronne de feuillage ; reproduction d'après l'antique; socle en marbre.

Hauteur de la figurine, 9 cent.

76 — Verre à pied en vermeil, à bossages, à tige balustre accotée de trois rinceaux et garnie de petites feuilles rapportées. xviie siècle.

Haut., 19 cent.

77 — Petit vase cylindrique en corne, flanqué de trois consoles à têtes et griffes de lions, en argent ciselé et doré du xviie siècle.

Haut., 10 cent.

78 — Petit cadre à ouverture ovale, en argent étampé, à figurines d'enfants, colonnes torses et couronnement à vase.

Ouverture. Haut., 65 millim.; larg., 50 millim.

79 — Fermoir de livre, en argent étampé et découpé à jour. xviie siècle.

80 — Boucle circulaire et large en argent doré, à bords festonnés portant six têtes couronnées

terminées en gaines, et, dans les entre-deux, six bossettes saillantes, de forme circulaire, qui présentent chacune un lion tenant un glaive. XVe siècle (?).

Diam., 9 cent.

81 — Plaque ronde en argent, gravée sur ses deux faces. Elle représente deux scènes ayant trait au mariage, avec inscriptions hollandaises, rinceaux, fleurs, animaux et cariatides au pourtour. XVIe siècle.

Diam., 6 cent.

82 — Deux plaques rondes en argent ciselé et repercé à jour; l'une d'elles représente le sujet de l'Enlèvement d'Europe, signé : *Dassier, F.*, avec large bordure de rinceaux, de bustes et d'oiseaux. L'autre représente Apollon assis sur des nuages, dans une couronne de fleurs et dans une bordure composée de rinceaux fleuris, de mascarons et de petits médaillons circulaires renfermant des bustes de profil. Travail très fin du temps de Louis XIV.

Diam., 70 et 65 millim.

83 — Petit vase à couvercle, en argent doré repoussé à bossages, et supporté par une figurine debout. XVIIe siècle.

Haut., 28 cent.

FAIENCES

84 — Raeren. Grande cruche en grès gris rehaussé d'émail bleu du xvie siècle. Elle est de forme ovoïde et à col cylindrique. Le culot, côtelé, est surmonté d'une frise composée d'une suite d'arceaux, sous chacun desquels est représentée une scène de l'histoire de l'Enfant prodigue ; l'épaulement est orné d'un rang de canaux et de divisions à rosaces et feuillages ; le col présente un mascaron et des rinceaux.

Haut., 53 cent.

85 — Statuette en terre émaillée de la suite de Palissy : la Vierge debout sur le dragon.

Haut., 25 cent.

86 — Urbino. Coupe côtelée, à bord festonné et à piédouche du xvie siècle; décor polychrome, représentant un homme et une femme assis en regard dans un paysage.

Diam., 24 cent.

87 — Castel Durante. Deux vases de forme ovoïde, à décor polychrome, fleurs et larges feuillages sur fond bleu.

Haut., 35 cent.

88 — Même fabrique. Deux gros cornets à décor de feuillages, relevés de jaune, sur fond bleu.

Haut., 31 cent.

89 — Même fabrique. Deux petits cornets de même décor que les précédents.

Haut., 20 cent.

90 — Plat en faïence de Castelli, représentant une Bacchanale ; marli à figures d'enfants et rinceaux feuillagés.

Diam., 35 cent.

91 — Castel Durante. Vase ovoïde à anses serpents, décoré de trophées d'armures en camaïeu rougeâtre sur fond bleu et d'un médaillon fond jaune, à figure d'ange.

Haut., 36 cent.

92 — Plat en faïence italienne émaillée bleu ; décor à armoirie et ceintures d'ornements en dorure et émail blanc.

Diam., 28 cent.

93 — Pichet à décor polychrome, daté 1739 et offrant, sur la panse, un grand médaillon, qui

représente deux armuriers forgeant sur l'enclume. De l'autre côté, se voient deux cornes d'abondance, d'où s'échappent de grands bouquets. L'épaulement et le col, à fond bleu, sont décorés de feuilles, de rinceaux et de médaillons à paysages.

Haut., 31 cent.

OBJETS D'ART VARIÉS

94 — Gaine de patène en cuir noir gaufré et gravé du XVIe siècle.

Diam., 21 cent.

95 — Gaine pour calice et patène en cuir noir gaufré et gravé du XVIe siècle; le pourtour du cylindre est orné d'arabesques; le couvercle représente la figure de Sainte Catherine.

Haut., 27 cent.

96 — Coffret rectangulaire du XVIe siècle, à décor de figures et d'ornements en pâte blanche sur fond doré.

Long., 16 cent.

97 — Portefeuille en velours grenat, à blason et rinceaux en broderie d'argent du XVIIe siècle.

Long., 33 cent.; larg., 22 cent.

98 — Balai à manche d'ivoire tourné.

Long., 75 cent.

99 — Poignée de sonnette à partie inférieure évidée et renflée en forme de feuilles gothiques, se terminant par un gland de chêne.

Long., 22 cent.

100 — Fusil à repasser, dans son étui en cuivre gravé. Travail oriental.

Long., 40 cent.

101 — Bel archiluth du temps de Louis XIII, long manche plaqué d'ébène et incrusté d'ivoire à double cheviller, avec sillet et touches en ivoire. La caisse est côtelée et la table d'harmonie présente trois ouïes accolées, garnies de roses à entrelacs ajourés et dorés.

Long., 1 m. 90 cent.

102 — Noix de coco, formant vase couvert, avec

col et pied en cuivre ciselé, gravé et doré; la tige a la forme d'un petit balustre à têtes d'enfants et fruits. XVIIe siècle.

Haut., 28 cent.

103 — Miniature rectangulaire sur plaque épaisse en ivoire. Elle représente l'allégorie de l'Afrique. Au centre, un éléphant richement caparaçonné est debout sur une tablette qui porte nom *Africa*. Au-dessous, un cartouche renferme un paysage; à droite on lit : *Hispania*. Le reste de la plaque est couvert de rinceaux, d'animaux fantastiques, d'oiseaux et d'ornements variés. XVIe siècle.

Haut., 11 cent.; larg., 20 cent.

104 — Plaque ovale à lobes en or émaillé, représentant une scène allégorique ayant trait à l'Hymen. XVIIe siècle. Elle est montée dans un cadre en argent ciselé à fleurs et feuillages, enrichi de parties émaillées.

Hauteur totale, 160 millim.; larg., 118 millim.

105 — Petit cadre à double face, en bronze doré à fleurons et têtes de chérubins. Époque Louis XIII.

Haut., 11 cent.; larg., 11 cent.

106 — Bas-relief debout, en cire peinte : Femme debout en costume du XVIe siècle. Dans un cadre en cuivre.

Haut., 95 millim.; larg., 70 millim.

107 — Bronze du Japon. Jardinière quadrangulaire en forme de pagode et à décor de dragons en relief, avec anses trompes d'éléphants et ouverture circulaire.

108 — Petit vase-cornet en bronze du Japon, à ornements gravés et figurines en ronde bosse sur l'épaulement.

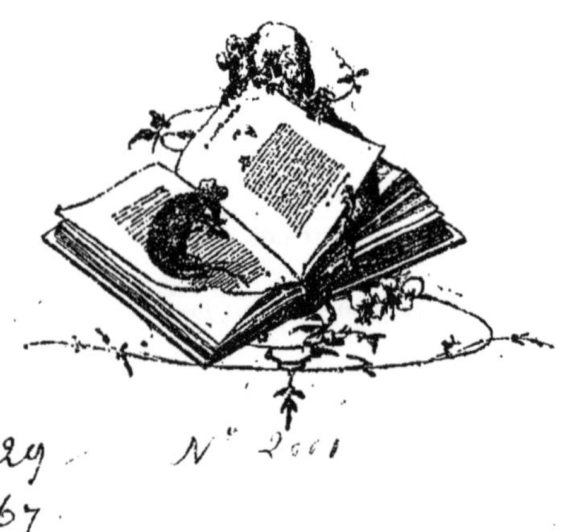

1	groupe 2 enfants buis	300	95. revenu
2	haut-relief sacrifice d'Abraham	100	26.
3	triptyque bois St Jérôme	180	91.
9	groupe Vierge & Jésus (Le Puy) ivoire	510	55. revenu
10	cippe enfants	500	x 120.
11	triptyque St Jérôme XVIme (ferrario)	400	91
12	bas-relief Vierge & Jésus	100	50
13	support reposant s/ 4 animaux	250	70. revenu
14	grain de chapelet tête de mort	300	57. revenu
15	bas-relief Vierge aux fleurs	400	120.
16	mascaron	100	29.
17	~~[illegible]~~ [illegible]	210	30. revenu
18	plaquette, christ sortant du tombeau	300	90. revenu
19	" 2 anges suppt 1 église	300	23
20	" St Jérôme en prière	150	9 revenu
21	" Vénus & l'Amour	200	44. revenu
22	" David & Goliath	50	15.
23	" adoration des Mages	150	12. revenu
24	" Hercule et Antée	250	42
25	" " "	100	41.
26	" Médée	300	22. revenu
27	" cavaliers au galop	150	16. revenu
28	" jugement de Paris	100	42.
30	" Bacchanale	200	50. revenu
31	" jugement de Salomon	200	69.
32	" groupe de 5 figures	400	67. revenu
33	" Vénus & l'Amour	100	21. revenu
34	" buste de femme	200	17. revenu
35	" Ste famille	200	26
36	aquamanile	145	50
37	buste de faune	96	42. revenu
38	buste d'Alexandre	12	10
39	3 figures d'enfants	125	35 revenu
40	Cupidon coquille s/ genouv.	200	95 revenu
41	" " tête	100	17
42	Actéon	100	80
43	lampe antique (pied)	50	11
44	présentoir ours	150	25 revenu
		7678	

8768

www.ingramcontent.com/pod-product-compliance
Ingram Content Group UK Ltd.
Pitfield, Milton Keynes, MK11 3LW, UK
UKHW021028260726
13994UKWH00005B/2006

9 782329 501147